SOMMAIRE

C000056778

Le guide de la pensée positive

Vincent Crivelli

INTRODUCTION

Ce livre a un seul message à vous transmettre :
dans la vie, vous devez être positif. On est
d'accord, ça, tout le monde vous le dit. Lorsque
vous rencontrez des périodes difficiles au cours de
votre vie, vous allez sans cesse entendre les
personnes qui vous entourent vous conseiller
d'être plus positif, de lâcher prise, d'arrêter de
stresser... Ce sont de bons conseils, mais faut-il
encore avoir le mode d'emploi pour les mettre en
pratique. D'autant plus que même si ça semble
logique, ça ne l'est pas forcément pour votre
cerveau. En fait, le cerveau humain ne nous aide
pas particulièrement à être positif. Le cerveau
humain n'est pas programmé pour l'être
naturellement. Et le problème en soi n'est pas de
vouloir l'être, c'est de le devenir. Et pour aller plus
loin, le problème ce n'est pas de vouloir mettre en
place des choses positives dans sa vie, c'est d'être
positif au quotidien. L'objectif est donc de trouver
la direction à prendre pour comprendre que les

expériences positives que vous vivez tous les jours ont le pouvoir de changer non seulement votre cerveau, mais de changer la personne que vous êtes pour que vous ayez une vie meilleure.

Le but de ce livre est de vous donner les clés pour entraîner votre cerveau de manière à ce que vous puissiez faire des choix et les assumer. Souvent, la question qui revient est la suivante : avons-nous un destin ou avons-nous un libre arbitre ? Pour vous répondre, laissez-moi d'abord me présenter. Je m'appelle Vincent Crivelli, je suis né et j'ai grandi en France dans une famille de classe moyenne, avec des parents pour qui l'objectif principal vis-à-vis de moi était ma réussite scolaire. Dès lors, il est évident qu'en grandissant dans cet environnement, je vais avoir des prédispositions, un enseignement, une culture, alors que si j'étais né dans un village bordant le Mékong dans la campagne vietnamienne, avec des parents qui vivent de la pêche, j'aurais eu d'autres prédispositions, un autre enseignement, une autre culture. Qu'on le veuille ou non, nous avons un destin. Maintenant, nous avons aussi un libre arbitre, sauf que ce libre arbitre dépend de ce que la vie nous a donné à notre naissance. Et pour avoir un véritable libre arbitre, il faut savoir augmenter le prisme de ses possibilités et de ses pensées pour aller chercher ce qui ne nous a pas été donné au départ. Cela veut dire que sans esprit d'ouverture, il n'y a plus de libre arbitre possible.

Le fait de s'interroger sur la manière dont se développe ma personne, c'est ce qui permet le libre arbitre, c'est ce qui permet de faire des choix. Si vous êtes en train de lire ce livre, c'est que vous avez d'ores et déjà compris une chose, c'est qu'investir sur soi est important. Et entraîner son cerveau à penser positif permet non seulement au système immunitaire de réduire facilement les blessures psychologiques, mais cela permet aussi aux émotions positives de réduire considérablement notre réactivité au stress. Tout cela nous aide somme toute à nous accomplir pleinement dans notre vie. Alors si vous voulez être heureux et réaliser vos projets, l'objectif va être de multiplier les moments de satisfaction dans votre vie et nous allons, ensemble, voir comment.

1. COMPRENDRE L'ORIGINE DU NÉGATIF

Avant de voir comment maîtriser la puissance de la pensée positive, il faut commencer par comprendre comment fonctionne notre cerveau. L'être humain possède un cerveau complexe composé de trois zones principales. Il y a tout d'abord un tronc cérébral que l'on appelle cerveau reptilien. Ensuite, il y a un cerveau intermédiaire que l'on appelle cerveau limbique. Et enfin, il y a le cortex dans lequel se trouve notre matière grise. Chacun de ces trois cerveaux a son propre programme et sa propre évolution. Et bien que l'on soit tous nés avec ces trois structures, on ne les développe pas tous de la même façon.

Premièrement, le cerveau reptilien est là pour nous préserver, assurer notre protection, garantir notre survie. Il va développer une stratégie d'évitement. Tous les comportements d'évitement que vous avez trouvent leur origine dans ce cerveau. Deuxièmement, le cerveau limbique s'occupe des aspects physiologiques et émotionnels. Son rôle est de mémoriser et de réguler les émotions. Il va développer une autre stratégie : le système de recherche. En clair, dans un premier temps le cerveau reptilien a pour but de vous éviter la douleur et dans un second temps le cerveau limbique recherche la satisfaction de tout ce qui vous fait du bien dans votre vie. Dès lors, l'être humain pourrait être complet, mais il a développé le cortex, la matière grise. C'est le cerveau qui va vous amener à être intelligent, à vous projeter et surtout à comprendre que vous avez un véritable besoin d'être relié aux autres, de vous connecter. Cette dernière structure développe une troisième stratégie : le système de connexion.

Toutes nos pensées se résument alors à un mode de fonctionnement qui repose sur trois principes fondamentaux : l'évitement, la recherche et la connexion. Toutes nos pensées sont structurées par et depuis ces trois modèles. Maintenant, le problème est que nous sommes dès le départ programmés pour être négatifs. En fait, si l'on remonte à des dizaines de milliers d'années en arrière, on s'aperçoit que l'homme évoluait dans un environnement particulièrement hostile : il vivait de manière primitive et devait survivre face aux autres espèces. En conséquence, son cerveau reptilien était toujours en alerte puisqu'il a pour fonction de le protéger. Pour faire simple, si l'homme voulait survivre, il était préférable pour lui qu'il se méfie, qu'il ait peur de tout, même pour quelque chose qui n'existait pas, car la moindre erreur de jugement pouvait lui coûter la vie. Le cerveau humain a ainsi créé sa stratégie d'évitement en construisant une aptitude à enregistrer tout ce qui pouvait représenter quelque chose de dangereux pour lui. Il enregistre donc chaque situation potentiellement dangereuse pour ne pas la reproduire. C'est de cette manière que le cerveau a développé un phénomène de généralisation et de mémorisation.

Alors aujourd'hui nous vivons dans une société relativement apaisée, quand je sors de chez moi pour m'aérer et faire du sport, je me rends vite compte que je ne suis pas en danger. Je vis dans un environnement agréable, près d'un parc, j'utilise des voies spécialement conçues pour les coureurs... À aucun moment je n'envisage que les choses soient dangereuses pour moi. Toutefois, notre cerveau a hérité de cette stratégie d'évitement. Quand j'étais plus jeune, j'habitais dans un petit village de moins de mille habitants, à la campagne. Je jouais sans cesse au football dans le jardin de mes parents et il m'est arrivé un jour d'envoyer involontairement mon ballon sur le terrain des voisins qui servait d'enclos pour chevaux. Lorsque j'ai voulu passer par-dessus le grillage pour récupérer mon ballon, je me suis fait surprendre par un fil électrique qui avait été posé à cet endroit pour dissuader les chevaux de s'enfuir. Je peux vous garantir que j'ai enregistré cette situation et je n'ai plus jamais essayé de passer par-dessus ce grillage. De plus aujourd'hui, dès lors que je fais face à un quelconque grillage, je vérifie toujours s'il n'y a pas un fil électrique. Et ce tout simplement parce que dès que l'on rencontre quelque chose de négatif dans sa vie et que cela représente un danger potentiel pour soi, le cerveau enregistre cette information pour éviter cette situation à l'avenir.

En fait, notre cerveau va glisser cette information dans la mémoire implicite. La mémoire implicite, c'est un type de mémoire à long terme qui, contrairement à la mémoire explicite, ne requiert aucune pensée consciente. C'est une mémoire extrêmement importante, car elle a pour mode de fonctionnement de gérer tout ce qui est automatique : faire du vélo, faire ses lacets ou bien tout simplement marcher. En clair, tout ce qui est négatif dans votre vie, tout ce qui pourrait représenter un danger potentiel pour vous, vous le mettez dans la mémoire implicite, c'est-à-dire à très long terme. Dès que l'on aborde des idées négatives, dès que l'on présente des informations négatives, le cerveau humain considérant que ça peut être un danger potentiel développe plus de conscience. C'est à travers cette conscience qu'il va enregistrer ces idées et ces informations à long terme pour s'en prémunir et s'en protéger. C'est un mécanisme qui était très intéressant lorsque l'homme était un être primitif, mais il n'est plus approprié à la société actuelle. Le problème c'est que ce mécanisme est ancré dans notre cerveau, donc à partir du moment où l'on vit quelque chose de négatif dans notre vie, on l'enregistre de façon systématique dans notre mémoire implicite. Cela a pour conséquence de nous y donner accès beaucoup plus rapidement, on se le rappelle bien plus facilement, et ça revient à la conscience régulièrement, car ces situations négatives sont rangées dans cette mémoire qui est la mémoire de nos automatismes et de ce à quoi on est lié en termes de protection personnelle et de danger.

Or à l'inverse, nous n'avons pas développé cette aptitude à mettre dans notre mémoire implicite les situations particulièrement positives, car notre cerveau ne ressent pas le besoin de s'en protéger. Lorsque l'on vit une expérience positive, on la vit sur l'instant. Les pensées positives générées par ces expériences sont donc traitées par notre mémoire explicite, par notre mémoire de l'instant présent, ce qui signifie qu'elles vont y rester tant que l'on se concentre dessus, mais nous ne les garderons pas en mémoire à long terme. C'est la raison pour laquelle nous retenons tout ce qui est négatif très facilement, et qu'en revanche il nous est difficile de le faire pour le positif. Nous vivons donc aujourd'hui dans une société dans laquelle le négatif est présent partout. Par exemple, les journaux d'information sont remplis d'informations négatives. Tout ce que l'on regarde devient de plus en plus trash, de plus en plus vulgaire, de plus en plus violent. Plus on avance dans notre société, plus les choses négatives sont mises en avant, à tel point que lorsque quelqu'un se montre particulièrement positif, on le trouve bizarre, naïf, presque idiot. On va lui demander d'être réaliste, comme si être positif impliquait de ne pas être réaliste. Et tout ça est dû au mode de fonctionnement de notre cerveau. Nous sommes beaucoup plus attentifs au négatif. Cela ne veut pas dire que nous sommes incapables de penser positivement, cela veut simplement dire qu'il faut entraîner son cerveau à faire évoluer son système.

2. CULTIVER SON JARDIN INTÉRIEUR

Votre état d'esprit, vous devez le voir comme un jardin. Pensez-le comme votre jardin intérieur. Un jardin, il y a plusieurs façons de s'en occuper. Vous pouvez vous dire que vous allez laisser faire la nature, laisser le temps faire les choses, et vous contenter d'observer ce qu'il se passe. Sauf que pour peu que vous ayez un jardin fertile, ce qu'il se passe n'est pas toujours des plus positifs. Vous pouvez aussi avoir une attitude qui va consister à retirer les mauvaises herbes, car ce dont vous pouvez être sûr, c'est que les mauvaises herbes pousseront quoiqu'il arrive. Quelque soit le terrain que vous avez, si vous ne le cultivez pas, si vous n'avez pas un rapport de transformation avec lui, si vous n'avez pas d'objectif pour lui, les mauvaises herbes s'installeront.

Cette analogie avec votre jardin intérieur est intéressante parce que vous devez voir votre système de pensée de la même manière et comprendre ainsi deux choses. La première c'est que vous ne pouvez pas empêcher les mauvaises herbes de pousser, c'est-à-dire que, quelle que soit votre posture vis-à-vis du monde, vous ne pouvez pas exclure le négatif et vous ne pouvez pas ne jamais y être confronté. La deuxième c'est qu'une fois que vous avez compris que le négatif est inévitable, il va falloir adopter des comportements et des attitudes pour ajouter du positif dans votre vie, c'est-à-dire que vous devez réussir à contrebalancer les pensées négatives par autant de pensées positives, si ce n'est plus.

En clair, si vous ne faites rien pour remplir votre cerveau de pensées positives, vous vous remplirez de pensées négatives. Et vous le savez maintenant, le négatif est bien plus facile à intégrer que le positif. Alors pour commencer à penser positivement, il faut que vous appreniez à être beaucoup plus conscient des expériences positives que vous vivez au quotidien. Déjà, ne considérez pas qu'une expérience positive c'est quelque chose de génial ou d'extraordinaire qui vous arrive qu'une fois dans votre vie. Notre système de recherche a tendance à toujours vouloir obtenir ce que l'on ne possède pas déjà, à vivre des expériences incroyables et socialement valorisées, à envier les autres, mais la vie ce n'est pas ça. Nous avons beaucoup de mal à nous satisfaire de ce que l'on a et nous voulons toujours plus, alors que ça ne crée que de la frustration. C'est pourquoi il faut entraîner son cerveau à être conscient de tout le positif déjà présent dans notre vie.

Les expériences positives c'est beaucoup de choses, c'est un moment d'amour avec la personne que vous aimez, c'est un moment de tendresse avec vos enfants, c'est une promenade le dimanche avec votre chien, c'est le fait de profiter de son petit déjeuner paisiblement le matin ou encore de pouvoir se plonger dans un bon livre avant de se coucher... En fait, notre vie en règle générale est beaucoup plus organisée autour de moments positifs que de moments négatifs. Le problème est que nous sommes focalisés sur le négatif parce qu'il est empreint à la mémoire implicite. Alors, pour être positif et pour que ça ait un véritable impact sur votre vie, faites cet exercice simple : posez ce livre, fermez les yeux quelques minutes et remémorez-vous vos expériences positives récentes à travers vos cinq sens (la vue, l'ouïe, l'odorat, le goût et le toucher). Pensez à tout ce qui a pu vous procurer du plaisir. Prenez conscience de tous les bons moments. Taisez-vous et observez. L'objectif de cet exercice est d'augmenter sa conscience et d'avoir l'intention de garder ces moments dans votre mémoire, de prolonger ces expériences positives. Il est essentiel de faire cet exercice, car les expériences positives sont fugaces, posez-vous donc la question de ce que vous ressentez, identifiez vos pensées positives et faites-les grandir dans votre corps, vous devez avoir l'intention de les garder à l'avenir.

Si vous deveniez conscient que chaque chose est géniale dans la vie : se lever tôt le matin, prendre son petit déjeuner, avoir une discussion avec une personne sympathique, vous allez vous rendre compte que vous allez multiplier ces moments en conscience.

En vous taisant et en observant patiemment, vous allez entraîner votre cerveau à ranger ces pensées dans la mémoire implicite. Vous devez progressivement intégrer cet exercice à votre quotidien, plusieurs fois par jour, jusqu'à ce que ça devienne un automatisme. En faisant cela, vous allez porter votre attention sur ce qui est positif dans votre vie. C'est de cette façon que vous allez développer une vision du monde beaucoup plus positive et ainsi devenir positif au quotidien. Si vous ne le faites pas, vous vous enfermerez dans une spirale de pensées toxiques et négatives qui vous éloigneront de vos objectifs et vous rendront malheureux.

Le fait de prendre conscience du positif, ça nous aide à nous projeter, à savoir ce que l'on veut. Et rappelez-vous, c'est votre cerveau limbique qui gère vos émotions. Avez-vous remarqué que lorsque l'on est dans nos malheurs, on reste bloqué dans l'instant présent ? À l'inverse, lorsque nous voulons construire notre bonheur, nous nous projetons. En fait lorsque vous vous projetez (par exemple : « tiens, la semaine prochaine j'irai bien faire ça »), vous êtes dans le bonheur, alors que lorsque vous êtes face à vos problèmes, le cerveau a tendance à s'enfermer dans ses émotions. Cela a pour conséquence de vous faire entrer dans une sphère émotionnelle qui va vous couper des autres. C'est ce qui amène à la dépression, au burn-out. C'est pourquoi il est extrêmement important d'apporter la matière grise aux émotions traitées par votre cerveau limbique. Vous devez interroger ces émotions pour garder celles qui sont positives et les développer en conscience, ça vous permettra de vous projeter.

En ce qui concerne le traitement des émotions négatives, un seul conseil : prenez de la hauteur. Oui aujourd'hui j'ai très mal géré ce dossier, oui hier je n'ai pas réagi avec mon enfant comme j'aurais dû le faire, oui la semaine dernière j'ai complètement raté mon examen. D'accord. Maintenant, prenez de la hauteur pour regarder l'ensemble. Prenez le temps de voir ce que vous avez fait sur plusieurs années. Du positif il y en a. Et c'est sur ce positif que vous devez intensifier vos efforts parce qu'il nous permet de nous projeter. Ne restez pas focalisé sur une expérience négative, ne vous enfermez pas dans votre malheur. Le passé c'est le passé, arrêtez de vous remémorer en permanence les expériences négatives que vous avez vécues. Arrêtez de penser que ces expériences négatives vécues sont définitives et que votre vie en sera entachée à tout jamais. Prenez de la hauteur, regardez le positif et tirez profit de ce positif pour construire votre futur. On a trop souvent tendance à se dire « si seulement je revenais dix ans en arrière pour tout recommencer… », sauf que ce n'est pas possible. Vous ne pourrez rien changer à ce que vous avez vécu donc il est inutile de se morfondre. Construisez dès maintenant vos futures réussites et projetez-vous sinon dans dix ans vous répéterez cette même phrase. Et dites vous qu'en ce moment vous avez dix ans d'avance sur les dix prochaines années donc ne gâchez pas tout, il y a de l'espoir partout, même quand on a fait face à beaucoup d'expériences négatives dans sa vie. Ne restez pas dans votre passé, vous ne pourrez pas le changer, c'est le futur que vous pouvez changer.

On a tous nos problématiques, personne n'est épargné. Elles sont différentes, elles ne sont peut-être pas toutes aussi intenses, mais tout le monde a ses blocages. Toutefois à un moment donné, on a un choix à faire : soit vous décidez de passer votre temps à ruminer votre vie, soit vous décidez de saisir votre véritable potentiel afin d'ouvrir ces voies qui vous attirent. Peu importe le chemin que vous prendrez, il faut passer à l'action, il faut que vous réactiviez cette lumière que vous avez au plus profond de vous. Nous avons tous un potentiel de réussite exceptionnel, mais c'est à vous et à vous seul que revient la décision de l'exploiter. Penser positif, c'est une gymnastique consciente, ça demande d'aller à contresens de la manière naturelle qu'a notre cerveau à penser, mais c'est de cette façon que l'on déconstruit nos schémas de pensées. En entraînant votre cerveau, vous allez développer cette ressource en vous de penser positif. C'est comme ça que vous allez tendre vers une vie heureuse et sereine.

Finalement, être heureux, c'est être conscient du nombre de moments positifs qu'on a dans notre vie. C'est pouvoir les percevoir et s'en nourrir. Si vous n'êtes pas conscient du positif qui vous entoure, vous ne le mettez pas dans votre mémoire implicite et vous n'y aurez pas accès en termes de souvenirs. Devenez conscient du positif qui vous entoure et faites ce travail d'alimenter votre mémoire implicite de pensées positives.

Mettez-vous des alarmes à des heures fixes de la journée s'il le faut pour effectuer ce travail d'introspection, mais faites-le. Votre humeur, votre motivation et vos projets n'en seront que renforcés.

3. ÉCOUTER SES BESOINS

Notre système de connexion nous amène à comprendre que nous avons besoin des autres pour nous accomplir. Montesquieu disait que l'homme est un animal social et il est vrai que nous sommes constamment en connexion avec d'autres individus, par le biais de l'école et de la famille d'abord, puis par le biais du travail, de notre vie amoureuse, de nos loisirs. Notre sociabilité par nature va nous amener à beaucoup nous questionner sur nos relations. En règle générale, nous mettons beaucoup d'attaches émotionnelles dans nos rapports avec les autres et il est primordial d'être au clair avec ce que vous voulez pour votre santé et pour votre stabilité mentales. Pour cela, vous devez appliquer un premier conseil : écoutez vos besoins et traitez-vous en première classe. Dans la vie, il y a deux possibilités : soit vous vivez dans la satisfaction de vos besoins, soit vous vivez dans la frustration des besoins des autres.

Les besoins chez l'homme sont multiples et ont été théorisés par Abraham Maslow au milieu du XXe siècle sous forme de pyramide des besoins. On retrouve le besoin physiologique (faim, soif, survie, sexualité, repos, habitat), le besoin de sécurité (se sentir en sécurité, faire confiance), le besoin d'appartenance (être aimé, écouté, compris, obtenir l'estime des autres, faire partie d'un groupe, avoir un statut), le besoin d'estime (avoir le sentiment d'être utile et d'avoir de la valeur, conserver son identité) et le besoin de s'accomplir (développer ses connaissances, ses valeurs).

Chaque individu ressent des besoins différents qui vont dépendre d'où il en est dans sa vie par rapport à ses accomplissements, ses réussites et ses échecs. Les besoins servent à nous orienter vers les moyens nécessaires à notre bien-être et à notre subsistance. Il est extrêmement important pour vous de connaître, d'identifier et d'être conscient de vos besoins, car, dès que l'on n'est pas au clair avec ses besoins et qu'on ne les vit pas, on crée de la frustration. La frustration est une source inépuisable de pensées négatives qui atteignent votre moral et votre humeur. Certes, la frustration peut parfois être source de motivation, mais généralement elle nous amène à vouloir accomplir des objectifs qui ne sont pas les bons, comme la vengeance par exemple. En bref, le fait de satisfaire ses besoins produit du bien-être (des émotions positives) et l'insatisfaction de ceux-ci produit du mal-être (des émotions négatives).

Prenons un exemple de la vie courante : vous avez une séance de sport prévue ce soir, mais des amis vous invitent à sortir boire un verre. Vous tenez absolument à faire cette séance de sport, mais vous ne souhaitez pas froisser vos amis, vous avez peur qu'ils pensent que vous préférez être seul à faire du sport et ne pas passer du temps avec eux. Certes, et alors ? C'est normal à un moment donné de dire « j'ai besoin d'être seul et j'ai besoin de cette séance de sport ». En disant cela, en faisant cela, vous ne vous positionnez pas contre les autres, vous vous positionnez pour vous. Vous avez le droit d'avoir envie de vous retrouver, de prendre le temps pour lire un livre qui vous tient à cœur, de jouer à la console si ça vous détend dans votre quotidien, de vous reposer tout simplement si votre journée a été fatigante. C'est essentiel de parler, d'échanger, de communiquer. Vous avez besoin de ce moment seul. Dites-le. Ça marche avec votre famille, vos amis, votre couple. Cessez si c'est le cas de penser que tout le monde se doit de comprendre ce que vous ressentez, si vous n'exprimez pas vos besoins, personne ne les devinera. Dites ce que vous ressentez et dites pourquoi vous le ressentez. Vous verrez que prendre cette habitude va faire évoluer positivement vos relations. Sans communication, il n'y a pas de relations saines. Vous devez être au clair avec vous-même et avec les autres. Et rien ne vous empêche par ailleurs de trouver une solution si vous avez envie de faire cette séance de sport et d'être tout de même avec vos amis. Vos amis se retrouvent à 19 h et votre séance est prévue à la même heure, alors dites-leur que vous les rejoindrez à partir de 20 h 30, et dites-leur pourquoi.

Travailler sur sa communication est extrêmement important pour tendre vers une vie plus apaisée. En effet, la qualité d'une relation est l'une des valeurs les plus importantes que peut rechercher un individu pour vivre heureux. Et le fait est que bien souvent lorsque l'on travaille sa communication, nous travaillons sur ce que les autres veulent entendre plutôt que ce que nous avons besoin de nous dire à nous-mêmes. Alors toujours, demandez-vous ce que vous voulez vraiment. Soyez au clair avec vos désirs et mettez-vous au centre de toutes vos interrogations. Cela ne veut pas dire qu'il faut devenir égocentrique ou individualiste, cela veut simplement dire qu'il faut savoir faire des choix pour soi. Non seulement vous générerez des émotions et des pensées positives parce que vous avez fait ce que vous vouliez faire, mais vous allez également développer de la confiance en vous à travers vos prises de décisions.

Pour déterminer ses besoins il y a un exercice simple. Lorsque vous désirez quelque chose, faire quelque chose, demandez-vous pourquoi. À cette réponse, demandez-vous une deuxième fois pourquoi. Puis répétez cet exercice cinq fois. En règle générale, il est possible de se poser cinq fois la question pourquoi avant de connaître ses véritables motivations. Par exemple, si vous dites « j'ai envie de faire du sport ce soir », pourquoi ? Parce que ça me fait du bien. Pourquoi est-ce que ça te fait du bien ? Parce que j'ai besoin de me détendre après ma journée de travail. Pourquoi as-tu besoin de te détendre ? Parce que j'ai une charge de travail importante en ce moment. Pourquoi as-tu une charge de travail importante ? Parce que j'ai pris du retard sur mon travail la semaine dernière. Pourquoi as-tu pris du retard ? Parce que je me suis mal organisé au début du projet. D'accord. Maintenant que vous avez appliqué les cinq pourquoi à votre envie, vous avez généré des pistes de réflexion sur vos besoins et vous êtes capable désormais de travailler dessus, car ils sont identifiés. Vous pouvez également les communiquer plus facilement et rendre vos relations plus saines.

Vous devez retenir que la nécessité de travailler sa communication réside avant tout dans un travail sur sa communication intérieure. Vous devez être conscient de vos besoins. Savoir ce que l'on veut n'est pas toujours la chose la plus simple à faire, mais quand vous aurez ce réflexe qui consiste à interroger en permanence vos envies, vous pourrez ensuite travailler votre manière de les communiquer dans vos relations. Dans chaque situation où vous êtes amené à faire des choix, le travail que vous devez faire se résume à trois points : demandez-vous ce que vous voulez, demandez-vous pourquoi est-ce que c'est ce que vous voulez et enfin expliquez-le clairement aux autres. S'assumer, être au clair avec ses volontés et ses désirs, c'est le premier pas pour être compris par les personnes qui vous entourent. Alors, ne vous sentez pas coupable de dire ce dont vous avez vraiment envie d'exprimer sous prétexte que vos interlocuteurs aimeraient entendre le contraire. Plus vous ferez ce travail de prendre la responsabilité de communiquer aux autres vos volontés, plus vous allez développer de la confiance en vous. À partir de là, faites des choix pour vous. Et rappelez-vous, on reproche plutôt à nos proches de ne pas être capables de faire des choix que l'inverse.

4. ADOPTER LA REFORMULATION POSITIVE

La deuxième chose à intégrer dans sa communication au quotidien est de formuler vos envies et vos demandes de manière positive. Et pour mettre en pratique ce conseil, vous devez savoir une chose : le cerveau ne perçoit pas la négation. Si je vous dis « ne pensez pas à un éléphant rose », ce qui vous vient à l'esprit immédiatement, c'est un éléphant rose. Et quand vous formulez une envie ou une demande de manière négative, c'est la même chose, le cerveau ne l'appréhende pas. Il est obligé de visualiser d'abord la phrase sans la négation. Si par exemple vous venez d'acheter le tout dernier smartphone et que vous le montrez à un ami, si vous lui dites « ne le fais surtout pas tomber ! », la première chose que va faire son cerveau c'est de visualiser et de concevoir le fait que le smartphone tombe. Et c'est la même chose pour tout ce que vous formulez au quotidien dans votre vie. Si vous dites à votre enfant en l'emmenant à l'école « ne rate surtout pas ce contrôle de maths », il va penser au fait qu'il rate son contrôle de maths et il va subir une pression négative. Si votre envie c'est qu'il réussisse, dites-lui de manière positive : « applique ce que tu as appris et tu réussiras ce contrôle de maths ». C'est primordial pour qu'il ait une représentation mentale positive de la situation qu'il va affronter.

Formuler une demande de manière négative va impacter chez l'autre des représentations mentales qui vont à l'opposé de ce que nous voulons et souvent nous obtenons par la suite le contraire de ce que l'on veut. En fait, les idées que l'on a dans la tête, nous les reproduisons dans nos gestes. Lorsque l'on formule nos phrases, nous pouvons avoir le sentiment qu'elles sont parfaitement claires, mais très souvent elles ne le sont pas. Alors si vous voulez obtenir quelque chose, dites toujours ce que vous voulez, ne formulez pas ce que vous ne voulez pas sinon vous allez l'obtenir. Dans notre culture, on remarque que l'on communique souvent, trop souvent, de manière négative. C'est le cas avec les personnes que nous aimons, et pire encore, avec nous-mêmes. Et c'est ce qui en fait nous fait le plus de dégâts. Régulièrement, on se pose des questions, et si elles sont négatives, alors on se programme à obtenir ce que l'on ne veut pas. Par exemple quand je dis : « je ne veux plus de tous ces problèmes… » et bien je suis obligé de visualiser tous mes problèmes, donc ma conscience toute entière s'imprègne dans ces problèmes. Et il faut savoir que notre cerveau est fait pour porter toute son attention ce sur quoi notre conscience est focalisée.

C'est la raison pour laquelle il faut être positif, être positif vous aidera à obtenir ce que vous voulez. Pensez positif, tout le temps. Vous formulez quelque chose, vous écrivez quelque chose, vous voulez obtenir quelque chose, dites ce que vous voulez. Arrêtez de formuler ce que vous ne voulez pas, ça ne fonctionne pas. Maintenant pour améliorer votre communication de manière optimale, vous devez exercer votre cerveau à profiter de la reformulation positive afin d'approfondir votre message. Souvent, les phrases négatives sont remplies de messages implicites, de sous-entendus que l'on n'exprime pas. Par exemple, si vous êtes agacé et que vous dites à votre enfant « ne tourne pas en rond comme ça », vous lui communiquez que son agitation est source d'agacement alors que vous avez probablement fort besoin de vous reposer. Si on reformule cette phrase positivement, vous pourriez dire : « cesse de tourner en rond ». Cependant, la fatigue et le besoin de repos sont encore sous-entendus. Vous pouvez alors développer ainsi : « le fait que tu cours beaucoup autour de moi augmente ma fatigue et j'ai besoin de me reposer, peux-tu t'assoir pour que je puisse me relaxer s'il te plaît ? ». Ici, le message est clair et complet, car il est nourri d'une observation sans jugement (« le fait que tu cours beaucoup autour de moi »), d'un sentiment (« augmente ma fatigue »), du lien entre le ressenti et un besoin («

car j'ai besoin de me reposer ») et se termine par une demande respectueuse (« est-ce que tu pourrais t'assoir pour que je puisse me relaxer s'il te plaît ? »).

L'objectif est de toujours s'interroger sur quatre choses : le fond du message, l'idée à faire passer, le besoin et la demande à exprimer. Reformuler positivement vos propos doit aller plus loin que le simple retrait de la négation. C'est un exercice difficile à faire de manière automatique, mais encore une fois l'objectif c'est de le répéter assez pour que ça rentre dans la mémoire implicite et que ça devienne des mécanismes naturels. Intégrer la reformulation positive dans son quotidien, c'est la meilleure manière de communiquer positivement pour assainir vos relations et obtenir ce que vous désirez véritablement tout en étant positif avec votre entourage. Si vous voulez recevoir du positif, vous devez en donner, tous les jours. La reformulation enrichira l'expression et facilitera la compréhension. Ainsi, la prise de conscience de la demande sera plus rapide, plus limpide, et aura un impact bienveillant. Faites cet exercice le plus fréquemment possible dans tous vos échanges, que ce soit avec votre conjoint, votre famille, vos amis, vos collègues... Plutôt que de dire « ne t'inquiète pas, j'ai fait les courses », préférez « tout va bien, les courses sont faites ». Plutôt que de dire « n'hésitez pas à me contacter », préférez « contactez-moi par mail ou par téléphone », ou pour aller plus loin « sentez-vous libre de me contacter, je suis très réactif par mail et facilement joignable par téléphone ». Plutôt que de dire « Ne fais pas comme ça », préférez « Je pense que tu pourrais améliorer ton efficacité en procédant de cette manière ».

De plus, éliminer l'utilisation de la formulation négative dans votre discours permet aussi d'augmenter très significativement la puissance de la formulation négative. En prenant l'habitude de l'éviter, décider de l'utiliser de temps en temps aura bien plus d'impact dans votre communication. Par exemple, vous avez le droit parfois de dire « je ne suis pas d'accord avec ça ». Si vos interlocuteurs ont l'habitude de vous entendre formuler vos phrases de manière négative alors vos propos auront très peu de poids, mais à l'inverse si vous le faites de manière ponctuelle alors vous serez bien plus écouté et respecté. Cela ne vous empêche pas ensuite de poursuivre avec une formulation positive comme « Je ne suis pas d'accord avec ça, en revanche je suis favorable à... ». L'idée, c'est toujours la bienveillance. Apprendre à maîtriser la reformulation positive vous permettra de réussir à mieux transmettre vos messages et à faire en sorte qu'ils soient compris par vos interlocuteurs, et cela donnera plus de poids à vos formulations négatives.

5. TRANSMETTRE DES MARQUES D'ATTENTION POSITIVES

La troisième chose à mettre en pratique dans sa communication est la stimulation positive. On a tous besoin de motiver les autres et d'être motivés, c'est un besoin essentiel de la nature humaine. Un simple sourire à vos collègues quand vous arrivez au bureau peut rendre leur matinée plus radieuse. Un message de félicitations personnalisé pour la réussite personnelle d'un ami peut profondément le toucher. Une main amicale et chaleureuse sur l'épaule de l'un de vos proches lorsqu'il est triste peut lui réchauffer le cœur. Un compliment précis et agréable sur le dessin de votre enfant peut lui redonner pleinement confiance en ce qu'il fait. Tous ces exemples représentent des marques d'attention et elles ont toutes en commun d'être positives. Vous ont-elles demandé beaucoup d'énergie de le faire ? Non, en revanche vous avez donné de la considération à la personne à qui vous avez transmis une marque d'attention positive. Et si ça ne vous a rien coûté, la personne de son côté en sort grandit.

Les marques d'attention ont un impact fort sur le développement d'un individu et contribuent largement à la qualité d'une relation. C'est pour cette raison qu'il faut apprendre à les identifier pour les utiliser efficacement. Que ce soit dans le domaine personnel (couple, enfants, amis) ou dans le domaine professionnel (collègues, management), vous devez en transmettre le plus fréquemment possible. Les marques d'attentions sont catégorisées en deux branches : les marques d'attention verbales (que l'on entend, que l'on prononce) et les marques d'attention non verbales (dans les gestes). Elles ont toutes pour finalité la considération de l'individu qui les reçoit et permettent à ce dernier de lui montrer qu'il existe. Ces marques d'attention peuvent être positives ou négatives. Si elles sont positives, elles apporteront satisfaction à la personne qui les reçoit et permettront son développement personnel. À l'inverse, si elles sont négatives, elles vont restreindre le développement, générer le doute, la peur et la perte de confiance.

Pour identifier les marques d'attention, il faut savoir qu'elles se définissent principalement par 4 grandes caractéristiques. Tout d'abord, elles sont indispensables. Nous connaissons tous ce vieil adage qui dit que l'argent ne fait pas le bonheur, et il est vrai que vivre dans l'abondance matérielle est une chose, mais avoir une vie sociale enrichissante et bienveillante en est une autre. Se sentir seul peut être mortel, on le remarque chez les enfants et les personnes âgées notamment, qui lorsqu'ils sont coupés de toute relation finissent par instaurer inconsciemment des stratégies d'auto-destruction. On constate aussi le même phénomène chez les personnes qui arrivent à la retraite. Passer d'un environnement où vous êtes beaucoup sollicité à un environnement sans interaction sociale, sans stimulation, sans reconnaissance, c'est très souvent difficile à vivre.

C'est le cas en particulier pour les sportifs de haut niveau lorsqu'ils prennent leur retraite. Le changement est très brutal et l'absence de stimulation peut provoquer un vieillissement plus rapide de leur corps et de leur esprit s'ils ne cherchent pas de nouveaux défis à relever dans leur vie, qui vont les amener à avoir des relations sociales. Cela explique pourquoi un grand nombre d'athlètes qui ont marqué l'histoire de leur sport se sont rapidement reconvertis à la fin de leur carrière en entraineur ou autre métier à haute responsabilité dans leur domaine pour retrouver un environnement stimulant et dans lequel ils auront de la considération.

La deuxième caractéristique notoire des marques d'attention est qu'elles sont source d'énergie. Ces dernières peuvent cependant être positives ou négatives. Si vous avez le sentiment qu'une marque d'attention vous valorise ou vous élève, alors elle a un impact sur l'estime que vous avez de vous-même, sur votre confiance et sur votre niveau de créativité. Dans ce cas, la marque d'attention est positive. À l'inverse, si vous avez le sentiment qu'une marque d'attention vous dévalorise ou vous enfonce, alors elle a un impact négatif sur votre vision du monde, votre vision de vous-même, et vous vous mettez en retrait, vous vous fermez. Dans ce cas, la marque d'attention est négative. Par exemple, au cours de ma scolarité tout entière, toutes les matières dans lesquelles j'avais de bonnes notes et dans lesquelles je prenais du plaisir étaient directement liées aux professeurs que j'avais. Lorsque mes professeurs me transmettaient des marques d'attentions positives comme des encouragements quand je peux m'améliorer, des félicitations quand je réussis ou des remarques constructives lorsque mes devoirs étaient mauvais, cela a contribué à ma motivation de travailler et de m'épanouir dans ces matières. À l'inverse, lorsque les professeurs me transmettaient des marques d'attention négatives en se focalisant sur mes erreurs ou en rédigeant des appréciations désagréables dans mes bulletins, alors j'avais tendance à rejeter ces matières. Si bien que je pouvais détester les mathématiques à 12 ans et les adorer à 14 ans, simplement parce que je n'avais plus le même enseignant. Et je me rends compte aujourd'hui que tous les domaines dans lesquels j'ai développé une véritable envie de construire quelque chose, ce sont des domaines dans lesquels j'ai côtoyé des personnes qui ont été de vraies sources d'énergies positives en valorisant mes efforts et mes progrès pour mettre en évidence mon potentiel. C'est essentiel pour la confiance en soi et la volonté d'apprentissage, et cela explique aussi pourquoi il est important de s'entourer de personnes qui vont vous valoriser et vous éloigner des personnes toxiques pour votre développement.

Dans un troisième temps, il faut comprendre qu'une marque d'attention (positive ou négative) peut être conditionnelle ou inconditionnelle. Lorsqu'elle est conditionnelle, cela veut dire que vous allez apprécier quelqu'un par rapport à ce qu'il vous apporte. Lorsqu'elle est inconditionnelle, cela veut dire que vous allez apprécier quelqu'un pour ce qu'il est. Soit vous valorisez quelqu'un parce que ce qu'il fait correspond à vos attentes, soit vous valorisez quelqu'un pour sa présence, sa façon de penser, sa créativité, son ouverture d'esprit. Du plus négatif au plus positif, vous retrouverez les marques d'attention négatives inconditionnelles : « tu es mauvais », négatives conditionnelles : « le plat que tu nous as préparé est raté », positives conditionnelles : « tu es un excellent cuisinier » et positives inconditionnelles : « tu es une personne exceptionnelle », par exemple.

Enfin, vous devez réaliser que les marques d'attention sont inépuisables, elles ne vous coûtent rien. Remercier un ami pour ce qu'il a fait ou pour ce qu'il est ne vous demandera pas d'effort particulier, en revanche ça aura un impact fort sur son développement en tant que personne.

Et vous vous rendrez compte que plus vous donnez, plus vous recevez en retour. Ça ne veut pas dire qu'il faut donner dans l'espoir de recevoir, il faut que ce soit spontané et sincère. Alors tout ce que vous pensez de positif à propos des personnes qui vous entourent, dites-leur. Il est fréquent qu'une remarque négative suffise à miner votre moral et à ruiner votre journée même si vous avez reçu beaucoup de positif auparavant. C'est pourquoi il est extrêmement important de transmettre du positif dans ses relations, même quelconques, comme dire bonjour en souriant à son voisin chaque matin quand vous le croisez. Vous avez le pouvoir d'ensoleiller gratuitement la journée de tout un tas de personnes que vous rencontrez au quotidien, soyez en conscient.

Dans tous vos projets de vie, dites-vous bien que si vous voulez avoir quelqu'un qui est motivé, stimulez positivement tout ce qu'il fait, renforcez-le, soulignez ce qui va. Peut-être que ce qu'il réalise peut vous paraître normal, mais ce n'est pas une raison pour ne pas relever sa réussite. Prenez cette responsabilité d'avoir une attitude positive, car plus vous pointerez du doigt ce qui ne va pas chez une personne, plus elle se renfermera à ce sujet. C'est d'ailleurs valable dans la communication extérieure, mais c'est aussi extrêmement puissant dans notre communication intérieure, avec nous-mêmes. Vous devez évaluer positivement les autres, mais c'est la même chose pour vous. S'accomplir, c'est décider de ce que je pense, du regard que je porte sur moi, et des valeurs que je possède intrinsèquement parlant. Stimulez-vous toujours positivement si vous souhaitez préserver votre motivation et atteindre vos objectifs. Aimez-vous, renforcez systématiquement ce que vous faites bien. Dites-le-vous, prouvez-le-vous et célébrez-le.

6. DÉVELOPPER SA CONFIANCE EN SOI

Pour être positif au quotidien, il est primordial d'avoir confiance en soi. La confiance est essentielle à votre construction personnelle et à votre rapport au monde. Plus vous aurez confiance en vous, plus vous aurez cette certitude que vous pouvez faire face aux événements futurs. En fait, la confiance en soi est le contraire de l'anxiété, c'est-à-dire que soit vous vous sentez capable de vous adapter aux situations à venir, soit vous ressentez de la peur, de l'inquiétude, de la crainte. Bien souvent, le manque de confiance est la cause première de tout ce qui vous empêche d'avancer dans la vie, mais rassurez-vous, car il existe des manières de la travailler, trois en particulier.

Ce que vous devez mettre en application en premier lieu, c'est de toujours agir comme la plus grande version de vous-même. Nous avons tous en tête une version grandiose de nous-mêmes que l'on aimerait être. Par exemple, il nous est tous arrivé d'avoir une discussion, un échange, un débat, et de repenser à ce moment le soir avant de se coucher et de nous dire : « pourquoi n'ai-je pas dit ça… ; j'aurais dû répondre comme ça… » Et il existe un très grand nombre de situations que vous avez vécu et qui vous reviennent à l'esprit régulièrement après coup, et à ce moment vous vous dites toujours que vous auriez dû réagir différemment. Cela signifie qu'en vérité, vous avez une vision très claire de la personne idéale que vous aimeriez être dans l'absolu, cette personne qui répond ou qui agit toujours comme vous l'aimeriez. Dès lors, lorsque vous êtes face à une situation, demandez-vous toujours : « que ferait la version la plus grandiose de moi-même ? ». Plus l'écart est grand entre cet idéal et ce que vous êtes au quotidien, plus vous allez manquer de confiance en vous et développer de l'anxiété. C'est la raison pour laquelle lorsque vous faites face à une situation où vous êtes amené à agir, vous devez vous inspirer de cet idéal et vous demander comment il réagirait. Alignez-vous toujours sur cet idéal, mettez-vous en cohérence avec la meilleure version de vous-même. L'objectif c'est de parvenir à progressivement réduire l'écart entre ce que vous faites vraiment et ce que vous auriez aimé faire. C'est de cette manière que vous allez développer de la confiance en vous. Votre objectif doit être de réduire cet écart petit à petit et vous satisfaire de chaque étape franchie.

Le deuxième moyen de développer sa confiance en soi, c'est d'utiliser la technique de la contre-projection. C'est une technique de psychologie positive qui consiste à dire que vous devez donner tout ce que vous voulez recevoir. Souhaitez aux autres ce que vous souhaitez vous-même vivre dans votre vie. En fait, notre cerveau considère que l'on ne peut donner que ce que l'on a, donc si vous donnez quelque chose alors cela signifie pour lui que vous en avez. Vous pouvez donner du temps si vous en avez, vous pouvez donner des compétences si vous en avez, vous pouvez donner de l'amour si vous en avez, vous pouvez donner de l'argent si vous en avez. Alors à partir du moment où vous donnez quelque chose, votre cerveau estime que vous en avez. Et si à ce moment-là vous n'en avez pas assez, il va en créer. C'est un exercice qui fonctionne particulièrement bien avec la confiance en soi donc si vous voulez développer la vôtre, commencez par aider toutes les personnes de votre entourage qui ont ce besoin de développer la leur. Le simple fait de le faire, cela présuppose que vous avez déjà les outils intellectuels, les compétences, les ressources, pour le faire. Et il est beaucoup plus facile de le faire pour les autres que pour soi, notamment lorsque l'on a une faible estime personnelle. Vraiment, faites-le pour les autres et vous allez voir que ça s'appliquera également à votre propre personne. Plus vous donnerez, plus vous recevrez. Pour aider les autres, vous aurez probablement besoin de vous renseigner, de lire, d'accumuler des connaissances, mais vous verrez que c'est plus simple à transmettre qu'à appliquer à soi-même, et pourtant en le faisant vous allez développer la vôtre naturellement. La raison réside dans le fait qu'apprendre puis transmettre ce que vous savez sur la confiance en soi va vous permettre de développer de la conscience sur le sujet, et en conseillant les autres, vous allez entrer en connexion avec votre propre réflexion de pensée personnelle et vous commencerez à mettre en place des modifications. Ce que vous modifiez chez les autres, ça se modifie chez vous.

Troisièmement, interrogez en permanence vos choix et demandez-vous une chose : « que ferait l'amour maintenant ? ». Ce qu'il faut comprendre c'est qu'au cours de votre vie, les choix que vous allez faire reposent toujours soit sur l'amour, soit sur la peur. Lorsque vous faites face à une situation, vous avez le choix de réagir par amour ou par peur, c'est-à-dire que d'un côté vous allez agir pour obtenir quelque chose, et de l'autre vous allez agir pour éviter quelque chose. Imaginons que vous avez un tas d'idées de projets dans lesquels entreprendre, mais vous faites le choix de continuer à travailler pour quelqu'un qui vous emploie. Est-ce que vous faites ce choix par amour pour ce que vous faites dans votre travail ? Ou bien faites-le-vous par peur que ces projets personnels échouent ? Vos choix sont toujours dictés par l'amour ou la peur et malheureusement les choix par peur sont plus faciles à faire, car nous préférons éviter les risques et les dangers potentiels. Toutefois en procédant ainsi, nous nous empêchons d'accomplir ce que nous voulons vraiment au plus profond de nous. À l'inverse, quelle que soit la décision que vous prendrez, si elle est prise par amour, elle ne peut pas être mauvaise. Même si cette décision n'a pas la finalité que vous espériez, ce qui est le plus important est votre intention de départ, car lorsque vous vous lancez dans quelque chose avec une intention, vous la retrouverez à l'arrivée. Par exemple, si vous vous mettez en couple avec quelqu'un pour oublier plus facilement votre partenaire précédent, il sera compliqué d'avoir une relation saine, stable et épanouie dans le temps, car ce n'était pas votre intention de départ. Et c'est la même chose pour tous les problèmes auxquels vous faites face au quotidien, demandez-vous toujours quelles étaient vos intentions de départ. Amour ou peur ? Tout est toujours une question de choix. Cela ne veut pas dire que lorsque vous avez fait le mauvais choix la situation est définitive et sans espoir, on peut tous corriger nos intentions, mais faut-il encore être conscient de ses erreurs et savoir se questionner sur ses intentions. Et ce vers quoi vous devez tendre pour être plus heureux et atteindre vos objectifs, c'est de faire l'ensemble de vos choix par amour. En faisant cela, vous allez naturellement réduire votre anxiété et augmenter votre confiance en vous.

En mettant en pratique ces trois conseils quotidiennement, vous remarquerez une diminution progressive de vos angoisses, de vos doutes et de votre stress. En bref, vous accumulerez beaucoup moins de pensées négatives et vous apprendrez à générer du positif. Mark Twain disait : « des milliers de génies vivent et meurent sans avoir été découverts, soit par eux-mêmes, soit par les autres ». Ce qu'il faut comprendre, c'est que développer sa confiance en soi vous permettra de réaliser tout ce que vous voulez vraiment, et c'est en réalisant ces projets que les autres se rendront compte de votre valeur et vous donneront de la considération, donc de la confiance. C'est un cercle vertueux, plus vous vous donnerez de la considération, plus vous en recevrez.

7. ACCEPTER L'EFFORT

On vit dans une société aujourd'hui où l'on veut tout tout de suite et sans effort. Je ne vais pas vous faire croire ici qu'atteindre ses objectifs est quelque chose de facile. Sur internet ou dans les livres de développement personnel, il y a cette tendance à vouloir dire qu'être riche et heureux est à la portée de tout le monde. Pareil avec le fait d'arrêter de travailler pour entreprendre. Et ces personnes vont vous expliquer que c'est accessible rapidement. Tout ça est faux. Obtenir quelque chose, ça demande des efforts et du temps. Devenir positif au quotidien aussi. Il n'y a pas de secrets, pour réussir il faut travailler. Cessez tout de suite de croire que les plus grandes réussites dans ce monde ont été simples, car ce n'est absolument pas le cas, et c'est la même chose dans votre entourage, ne jalousez pas la réussite de vos amis et de vos proches, car elle n'est que le résultat d'une succession d'efforts. Lorsque l'on réussit, on préfère souvent montrer le résultat plutôt que le chemin parcouru, c'est pourquoi les personnes extérieures ont des difficultés à réaliser toutes les étapes franchies les unes après les autres, mais ça n'enlève en rien les efforts investis sans relâche pour obtenir ce résultat.

Quand vous entreprenez quelque chose, prenez conscience que votre objectif final représente une somme d'objectifs plus petits à accomplir, étape par étape. Un objectif trop grand, trop ambitieux, trop long, crée automatiquement de la frustration. En général quand vous avez une idée, cela provoque naturellement des émotions positives : vous êtes excité, vous avez l'impression que vous allez pouvoir changer le monde, vous voyez grand. Sauf qu'ensuite vient le moment de concrétiser cette idée, de transformer cette idée en projet, et vous vous rendez compte que pour la faire bien, ça va être extrêmement fastidieux. Plus vous avancez, plus vous vous découragez. Pour pallier ce problème, vous devez impérativement segmenter votre objectif ultime en une série d'objectifs réalisables à court terme. Il est beaucoup plus simple de maintenir ses efforts sur le long terme en se satisfaisant de chaque étape franchie qu'en se fixant un but trop difficile et trop lointain dans le temps que vous ne pourrez pas accomplir. Être positif c'est aussi savoir être humble, savoir que réaliser un projet prend du temps, et c'est en se fixant plusieurs objectifs à court terme que l'on évite les pensées négatives dues au fait que vous ne concrétisez pas votre projet. Ce projet, vous allez l'accomplir, mais à force de petits efforts et de petits succès qui vont vous apprendre à être heureux. Vous n'êtes pas la somme des grandes actions que vous aurez dans votre vie, vous êtes la somme de toutes les petites actions que vous avez tous les jours.

Seulement le risque ici, c'est de se contenter de ces petites victoires. Il faut entraîner son cerveau à avoir envie de toujours aller plus loin. Quand on accomplit quelque chose de bien, il ne faut pas se dire que c'est génial et s'en satisfaire, car sinon on risque de s'autoriser à faire des choses qui ne servent pas notre objectif. Par exemple, si votre objectif est de faire du sport tous les jours pour perdre du poids, chaque jour compte. Vous êtes allé vous entraîner lundi, d'accord, très bien. C'est une première étape, mais rien n'est fait. Vous vous êtes entraîné tous les jours du lundi au vendredi, d'accord, très bien. C'est une deuxième étape, mais rien n'est fait. Si vous vous satisfaites trop vite de ces petites victoires, cela aura pour conséquence de vous faire croire que vous pouvez vous autoriser une action qui ne sert pas votre mission. Par exemple, si vous vous dites « j'ai fait du sport toute la semaine, j'ai bien le droit de me faire un fast food ce week-end », vous êtes tellement satisfait de vous-même que vous pensez qu'il est légitime de se faire plaisir, sauf qu'en réalité vous gâcherez juste tous vos efforts et vous en serez au même point au bout du compte. Accomplir des projets, c'est savoir maintenir ses efforts sur une longue période et se satisfaire de sa réussite que lorsque le projet est arrivé à son terme. À chaque étape franchie, plutôt que de chercher la satisfaction, dites-vous que vous avez agi de manière à vous rapprocher de votre objectif, c'est tout. C'est ce système de réflexion qui va être source de motivation et de pensées saines. Ne sacralisez pas vos moments d'engagement, encore une fois soyez humble, vos petites réussites restent des petites réussites. C'est la somme de celles-ci qui vous feront grandir. Pour résumer en trois points : identifiez ce que vous voulez vraiment, acceptez d'en payer le prix et agissez massivement.

Dans certaines situations, il y en a qui vont éviter les obstacles, la difficulté, l'adversité et qui vont développer cette capacité à s'inventer des excuses. Les excuses, c'est un concept purement humain qui permet de justifier d'avoir agi ou non. Quand un individu ne fait pas quelque chose qu'il est censé faire ou qu'à l'inverse il fait quelque chose qu'il n'est pas censé faire, il va se trouver une excuse pour se justifier et pour préserver son niveau d'estime de soi. Ceux qui réussissent n'ont pas d'excuses, ils ont des échéances et des actions à poser. Si vous êtes arrivé en retard au bureau à cause d'un problème de transport, vous n'avez pas d'excuse, car si vous savez que dans votre trajet quotidien vous êtes dépendant de la ponctualité d'un transport, alors vous avez la responsabilité d'intégrer le risque qu'il y ait un retard en prenant le bus précédent par exemple. Et c'est comme ça pour tout ce que vous faites dans votre vie, vous devez supprimer les excuses de votre quotidien. Cessez de vous dire que si vous n'avez pas réussi c'est à cause de tel ou tel événement imprévu, car des imprévus il y en a tout le temps, nous ne maîtrisons rien. Vous devez accepter de faire les efforts nécessaires pour vous adapter aux situations auxquelles vous faites face tous les jours. Vous devez être parfaitement en accord avec la personne que vous êtes quand vous prenez une décision et ne pas vous chercher de moyen de vous justifier sur quelque chose qui ne s'est pas passé comme vous l'auriez voulu.

Accepter l'effort, c'est aussi savoir que lorsqu'un environnement est trop confortable, il génère la complaisance. Il ne crée pas l'envie de se dépasser. On entend souvent ce conseil qui consiste à vous dire de sortir de votre zone de confort, mais c'est une réalité. C'est quand on est au pied du mur que l'on trouve les ressources nécessaires pour se surpasser et donner le meilleur de soi-même. C'est de cette manière que l'on va générer aussi de la confiance en soi et donc du positif. Accomplir un objectif après s'être confronté à un parcours d'obstacles plus difficiles les uns que les autres, c'est ce qui rend vos réussites encore plus belles, c'est ce qui va vous donner de la satisfaction. Quel que soit le domaine dans lequel vous vous lancez, si ça devient trop simple, si vous commencez à être dans un confort, si une routine s'installe, cherchez-vous de nouveaux défis ! Trouvez quelque chose qui vous anime sinon il sera difficile pour vous de trouver une source de motivation et de bonheur dans ce que vous faites.

Sortir de sa zone de confort ne signifie pas que vous devez renier ce que vous êtes, ce que vous pensez ou ce que vous aimez, vous devez simplement vous donner les moyens de faire de nouvelles expériences si elles servent vos objectifs, sans vous fier aux préjugés et aux jugements extérieurs qui en découlent. Assumez vos ambitions.

8. RECEVOIR ET TRAVAILLER LES CRITIQUES

Lorsque l'on reçoit une remarque négative ou un commentaire négatif, on le subit de manière émotionnelle. Aujourd'hui, dans un monde où nous sommes quasiment tous sur internet, la critique est extrêmement facile et accessible. N'importe qui peut vous juger sans filtre, que ce soit des connaissances ou de parfaits inconnus. Par exemple, imaginons que vous vous lancez dans la création de vidéos sur YouTube, que vous êtes plein d'enthousiasme et que vous avez beaucoup d'idées à partager. Au moment où après des heures de travail vous publierez votre première vidéo, un inconnu peut arriver et vous écrire : « c'est très mauvais, ta voix est désagréable, on n'entend rien ». C'est dur à encaisser, nous ne sommes pas habitués dans la vie réelle à être confrontés de manière si directe à la critique. Pourtant, la personne qui vous écrit ceci le pense vraiment, et il est primordial d'accepter de recevoir des critiques pour avancer dans ses projets. Le problème aujourd'hui est que nous avons beaucoup de mal dans notre société à véritablement dire ce que l'on pense. Si un ami vous invite à la projection de son premier film, personne à la fin de la séance ne viendra lui dire : « écoute, le film sur lequel tu bosses depuis un an je le trouve vraiment mal monté ». On a tendance à tous se protéger les uns des autres de la critique et on préfère se mentir. Sauf qu'en faisant cela, ça ne fait avancer personne. Oui, la personne qui vous a laissé ce commentaire acerbe manque de tact, mais la manière positive de percevoir ce commentaire c'est de vous dire encore une fois que vous ne pouvez pas éviter le négatif dans votre vie, par contre vous avez la responsabilité de traiter ces remarques de manière à y faire face ou à les rejeter. Être positif ce n'est pas faire abstraction de tout ce qui est négatif, être positif c'est comprendre et étudier la marque d'attention négative que l'on a reçue et faire preuve de courage en étant dans une volonté de tirer tout ce qu'il y a prendre de cette remarque. Sur la forme, ça ne doit pas vous atteindre, sur le fond vous devez y attarder un temps de questionnement. Regardez votre vidéo, le son est-il bon ? Peut-être pas en effet. Il est sans doute même catastrophique. Être positif c'est aussi savoir être critique envers soi-même. L'objectif n'est pas de se rabaisser, mais de développer de la conscience sur tout ce qui peut être amélioré.

L'attitude négative serait de se dire : je reçois des commentaires négatifs, je doute de mon travail, je ne suis peut-être pas fait pour ça. L'attitude positive c'est de se dire : je reçois des commentaires négatifs, j'analyse ce qui ressort le plus dans les remarques, j'étudie ce que je peux faire pour améliorer ces points-là. L'attitude négative ça peut être : quand je fais quelque chose, il y a des personnes pour me dire que c'est mauvais. L'attitude positive c'est plutôt de penser : quand je fais quelque chose, ça fait réagir. Dites-vous bien que le pire qu'il peut vous arriver lorsque vous affichez un acte que vous avez posé, c'est l'indifférence générale. Si ce que vous faites fait réagir, alors vous êtes sur la bonne voie.

Toutefois attention, s'il est important d'être juste sur les commentaires négatifs, vous devez également l'être face aux commentaires positifs, en premier lieu ceux de votre entourage. Sont-ils fondés ou sont-ils énoncés dans l'optique de vous rassurer et de vous protéger ? Encore une fois, soyez clair avec votre famille et vos amis, demandez-leur des avis francs, n'hésitez pas à mettre en avant des points sur lesquels vous savez que vous êtes moins bon. C'est responsable de dire à votre mère qui vous dit que votre vidéo est excellente alors que vous avez reçu plusieurs commentaires négatifs : « oui, tu as aimé ma vidéo, mais le son n'était pas terrible, tu ne trouves pas ? ». À ce moment-là, votre mère vous dira ce qu'elle pense, mais elle vous dira très probablement aussi que même si le son n'est pas bon et que ça peut ternir la vidéo dans sa globalité, le contenu en lui-même est pertinent. Et c'est ça que vous devez garder. Dites-vous déjà que personne n'est excellent quand il se lance dans quelque chose. Peut-être que votre posture est affreuse, peut-être que votre manière de parler est ennuyeuse, peut-être que votre cadrage est complètement raté, mais ça n'enlève pas les motivations qui vous ont poussé à le faire, ça n'enlève pas la passion avec laquelle vous l'avez fait et ça n'enlève pas la pertinence de vos propos. Donc certes, les critiques à votre égard ou sur votre travail sont toujours très difficiles à appréhender, mais vous devez vous faire violence en les affrontant et en essayant d'en tirer des apprentissages. Et c'est la même chose pour ce qui est des critiques positives, sachez aussi les décortiquer et ne pas les prendre pour argent comptant.

Positives et négatives, les critiques doivent vous permettre de vous améliorer pour atteindre vos objectifs. Vous ne devez pas chercher à les éviter, faites en sorte d'avoir un maximum de critique sur ce que vous faites. L'idée c'est qu'après quelques semaines, quelques mois, quelques années, vous puissiez vous dire : heureusement que ces personnes qui manquaient de tact et qui m'ont critiqué étaient là pour me faire prendre conscience de ce qui me faisait défaut, et heureusement que mes proches étaient là pour me rappeler qu'il y avait du bien dans ce que je faisais. Vous ne pouvez pas empêcher le négatif de se présenter à vous, mais vous avez la capacité à le recevoir et à le transformer en énergie positive pour vous développer personnellement et atteindre vos objectifs de vie. Choisissez votre priorité. Soit votre priorité c'est votre ego et le fait de vous sentir bien sur le moment, soit votre priorité c'est vos rêves et la réalisation de vos projets. Alors quand vous vous lancez dans quelque chose, prenez les remarques des autres sur ce que vous faites, demandez-les même, et travaillez dessus. Continuez d'avancer et fixez-vous des objectifs sur ce que vous souhaitez améliorer, ne doutez pas de vous. Et au sujet des critiques dirigées directement vers votre personne ou vers vos propos, c'est pareil, il ne faut pas douter de vous non plus, gardez bien en tête qu'être critiqué à ces niveaux est possiblement la meilleure chose qui peut vous arriver parce que ça montre que vous avez suffisamment assumé votre positionnement, votre message, votre identité.

Le pire qui peut vous arriver, c'est de lisser votre message par peur qu'il y ait des gens qui puissent vous juger sur ce que vous êtes et sur ce que vous dites. Ne vous pliez pas au regard des autres, faites ce que vous aimez, embrassez les critiques, jouez avec les critiques et apprenez à vous aimer avec les critiques. Se définir, c'est aussi se positionner sur des sujets et assumer sa position. Alors, demandez-vous qu'est-ce que l'on peut bien vous reprocher en vous positionnant de telle ou telle manière, et si vous recevez les critiques auxquelles vous vous attendiez, alors vous avez un positionnement cohérent avec qui vous êtes vraiment. Ne reniez pas la personne que vous êtes au plus profond de vous, car jouer un rôle pour satisfaire les besoins du plus grand nombre ne créera en vous que de la frustration et des pensées négatives.

9. ACCEPTER L'ÉCHEC

Échouer fait partie du processus d'apprentissage, mais l'échec est difficile à appréhender au moment où il arrive. Lorsque vous avez consenti beaucoup d'efforts pour atteindre un objectif et que le résultat n'est pas au rendez-vous, cela peut provoquer une remise en question personnelle de son potentiel à réussir. Votre égo se trouve affecté par cette absence de résultats positifs. Et en termes de développement, l'échec peut être dévastateur pour votre confiance en vous, car en perdant la confiance, vous êtes amené à douter de votre capacité à vous épanouir pleinement dans ce que vous entreprenez.

Toutefois, l'échec, aussi grand soit-il, n'a pas pour vocation à durer dans le temps et à vous poursuivre pour toujours. Un échec, c'est un moment, un signal. Ce signal a pour but de vous avertir et doit vous permettre de faire des réajustements dans vos projets. Se rendre compte qu'on a pris la mauvaise voie, ce n'est pas un échec, c'est simplement une étape supplémentaire dans votre apprentissage, vous savez désormais que votre objectif ne sera pas atteint de cette manière, alors il faut changer certaines choses. Échouer peut donner l'illusion d'une régression dans ce que l'on entreprend, mais devenir conscient qu'une voie n'est pas la meilleure est une progression, pas une régression.

Il faut accepter l'échec. Le déni, l'intériorisation et le refus d'en parler peuvent vous faire clairement régresser, ce qui n'est pas le cas de l'échec en lui-même. Soyez toujours objectif. Ne vous cachez pas, ne vous trouvez pas d'excuses et ne vous renfermez pas sur vous-même, car ce sont ces comportements qui vont affecter négativement votre motivation et votre estime de vous. Vous avez toujours le choix, soit vous acceptez et vous pouvez avancer, soit vous êtes dans le déni et en effet la régression dans votre développement ne sera pas qu'une illusion.

Déjà, dites-vous bien que si vous échouez, c'est que vous avez entrepris. Les personnes qui ne font rien n'échouent jamais. Le fait d'entreprendre va vous permettre d'enrichir vos connaissances et de renforcer vos expériences. C'est avec ces apprentissages que vous allez augmenter vos chances de réussir la prochaine fois. Alors, échouez. N'ayez jamais honte de ça. Prenez le risque et acceptez de potentiellement prendre la mauvaise voie. Si vous acceptez cette idée-là, ça veut dire que vous allez oser, vous allez sortir de votre zone de confort, et c'est de cette manière que vous allez accélérer le processus d'apprentissage. Il faut être honnête, nous n'apprenons pas des expériences parfaites et sans obstacle. Nous avons cette tendance à vouloir nous prémunir, à vouloir que tout se passe bien, à ne pas souffrir, mais en réalité ça n'amène qu'à la procrastination et à la frustration liée au fait de ne pas accomplir ce que l'on veut vraiment. Faites des choses. Si vous échouez, recommencez. Acceptez le fait que ça puisse arriver, acceptez le fait qu'en général quand on se lance l'échec arrive quasi systématiquement. Très rares sont les personnes qui réussissent du premier coup. Et ces personnes-là vont souvent rencontrer l'échec plus tard, car elles n'auront pas eu un processus d'apprentissage optimal. Vous devez apprendre à échouer, et pour apprendre à échouer il faut échouer. Pour échouer, il faut entreprendre. Trop de personnes sont encore paralysées par la peur de l'échec sauf que l'on n'est plus à la préhistoire, échouer ne vous coûtera pas la mort. Allez à l'encontre de votre stratégie d'évitement. Avoir peur de l'échec est source de pensées négatives, car on s'imagine toujours échouer, on visualise notre échec en permanence et par conséquent nous ne faisons pas ce qui nous anime véritablement, car nous ne voulons pas être frustrés par le fait de ne pas réussir.

Toutes les grandes réussites sont passées par des échecs. Walt Disney, créateur de Mickey Mouse et de Disney World, a fait faillite avec sa première société d'animation. Il a également été rejeté par un rédacteur en chef, car il manquait d'imaginations et d'idées créatives. Il aurait même essuyé 302 refus de financement pour la création de son parc d'attractions. Finalement au cours de sa vie, Walt Disney a créé des dizaines de longs métrages qui ont marqué toutes les générations et a donné naissance à quelques-uns des plus célèbres personnages de la culture populaire mondiale. Et cet exemple n'est pas une exception, c'est la réalité. Steven Spielberg a été refusé trois fois avant de pouvoir faire ses études dans le cinéma, Harry Potter a été refusé par cinq maisons d'édition, James Dyson a développé plus de 5000 prototypes avant de créer l'aspirateur sans sac. N'abandonnez jamais, car plus vous échouez, plus vous vous rapprochez de la réussite. À force de prendre le mauvais chemin, vous finirez par prendre le bon, alors ne vous découragez plus. Thomas Edison disait : « Beaucoup d'échecs viennent de personnes qui n'ont pas réalisé à quel point elles étaient proches du succès lorsqu'elles ont abandonné ».

Et retenez bien qu'accepter l'échec, c'est aussi accepter le changement. Il y a trois attitudes à développer vis-à-vis du changement : on peut l'accueillir, on peut l'anticiper et on peut le provoquer. On a tendance à associer le changement à la douleur, car très souvent les changements que nous opérons dans notre vie nous sont imposés à travers les difficultés et les obstacles que nous rencontrons. On pense donc que le changement représente quelque chose de négatif, on va créer de la peur puis de la résistance. Voyez différemment et quand un changement vous est proposé, quel qu'il soit, accueillez-le. Si vous voulez progresser après un échec, vous devez accepter le changement. C'est encore une fois lié à l'humilité. Soyez humble et sachez reconnaître vos erreurs. Plus vite vous changerez, plus vite vous progresserez. Si vous tombez de cheval et que vous ne remontez pas tout de suite, vous allez créer un traumatisme sur le long terme, vous ne voudrez plus jamais remonter. Alors quand l'échec se présente, accueillez-le, et acceptez de changer. La réussite de vos projets en dépend.

Finalement, l'échec représente un symbole qui consiste à signifier la fin d'un projet et la naissance d'un nouveau projet. Si vous faites ce travail de travailler sur vos échecs avec honnêteté et humilité, ce nouveau projet sera bien plus en cohérence avec vos objectifs et votre épanouissement. L'échec, ce n'est pas du négatif, c'est du positif. Vous devez le percevoir comme une opportunité de nous rapprocher de ce qui fait pleinement sens pour nous. Vous avez constaté ce qui ne fonctionnait pas, faites-le différemment, réessayez d'une autre manière. Dites-vous que l'échec, c'est comme cet ami qui vous alerte sur certains points et qui ne vous veut que du bien. Il ne souligne pas une erreur pour vous faire du mal, mais plutôt pour vous faire prendre conscience que le chemin que vous avez pris ne vous mènera pas là où vous vouliez aller et pour vous donner l'opportunité d'opérer des changements.

Prenez de la hauteur et observez. Faites un bilan de toutes les choses qui ne se sont pas passées comme vous l'aviez prévu. Avec du recul, est-ce que vous les analysez comme des régressions dans votre vie ou comme des moments qui vous ont permis de faire autrement et mieux pour vous ? Sur le moment, nous vivons nos expériences négatives comme de terribles désaveux, cependant peu importe le temps que l'on prend à accepter l'échec, il en ressort toujours un renouveau dans lequel on est plus épanoui qu'avant. Alors si en ce moment vous êtes dans cette phase où vous faites face à un échec, projetez-vous, l'avenir n'en sera que meilleur.

10. S'ACCOMPLIR PLEINEMENT

Pour atteindre le bonheur, pour vous accomplir dans une vie harmonieuse, il est essentiel que vous trouviez votre mission de vie. C'est un concept qui peut vous paraître abstrait et c'est normal parce qu'il l'est. Il n'existe pas de formule magique à appliquer pour l'atteindre, et surtout la finalité est singulière pour chaque individu. Pour trouver votre mission de vie, vous devez vous connecter à ce qui vous dépasse, ne cherchez pas à être dans le contrôle. Vous devez explorer, rechercher, affiner. Il faut s'ouvrir, il faut réaliser des choses, il faut échouer. Et la première chose à faire, c'est de développer de la sensibilité pour tout ce qui vous touche, pour tout ce qui vous fait vibrer.

Trouver sa mission de vie, c'est en quelque sorte trouver son talent. Et sachez une chose, nous avons tous un talent. Ne commencez pas à vous chercher des excuses, à vous cacher, à vous dire que ça ne s'applique pas pour vous. Nous avons tous cette chose que nous faisons naturellement, qui fonctionne et pour laquelle nous prenons du plaisir. Peut-être que vous ne l'avez pas encore trouvé, peut-être que vous n'en êtes pas conscient mais qu'il est déjà là, peut-être que vous avez déjà commencé à l'appréhender. Peu importe, vous avez un talent.

Tout d'abord, prenez le temps de surligner tous les passages de ce livre qui vous parlent, tout ce qui a eu un écho pour vous lors de la lecture, cela va vous aider à trouver dans quelle direction vous voulez aller. Demandez-vous ensuite ce que vous pouvez apporter aux autres, cherchez et faites grandir en vous vos motivations, vos connaissances, vos compétences, vos idées. À partir de là, qu'est-ce que vous pouvez transmettre ? Qu'est-ce que vous voulez transmettre ? Accordez du temps aux sujets qui vous passionnent au plus profond de vous et pour lesquels justement vous ne voyez pas le temps passer. Posez-vous une question simple : qui avez-vous envie d'être au dernier jour de votre vie ? Réfléchissez à ce que vous avez envie de laisser après votre vivant. C'est le moment de faire tout ce dont vous avez envie de faire. Votre temps est précieux, alors consacrez-le à ce que vous aimez profondément. Si vous n'aimez pas ce que vous faites, lorsque vous allez faire face à des difficultés, vous finirez par abandonner. À l'inverse si vous aimez ce que vous faites, vous allez développer une capacité exceptionnelle à surmonter les épreuves.

Soyez heureux, ne vous laissez pas atteindre par la négativité des autres, entourez-vous de personnes positives. Jim Rohn, célèbre entrepreneur et coach en développement personnel disait ceci : « Regardez autour de vous, vous êtes la moyenne des cinq personnes les plus proches de vous. ». Ce qu'il veut dire c'est que l'on est tous influencés par notre entourage, positivement ou négativement, et ce à plusieurs niveaux comme notre personnalité, nos capacités personnelles ou encore nos ambitions. Cela signifie que les personnes que l'on fréquente vont avoir une forte influence sur nos prises de décision et donc sur nos réussites. Si vous êtes entouré de personnes en CDI particulièrement satisfaites de leur situation salariale, vous ne risquerez pas d'entreprendre même si c'est ce que vous voudriez faire en réalité. La raison se trouve dans le fait que l'avis de nos proches compte pour nous. Et s'ils ne partagent pas nos valeurs, ils ne nous encourageront pas à le faire. Si ce que vous voulez entreprendre leur fait peur personnellement, ils risquent de projeter leurs peurs sur vos propres projets. À un moment donné de votre vie, vous allez réaliser que vos amis de longue date ne sont pas toujours les personnes qui vont vous tirer vers le haut, celles qui vont vous aider à vous accomplir. Prenez le temps d'analyser ce que vos proches vous apportent tant sur le plan du positif que du négatif. Parfois, certaines personnes peuvent être toxiques pour votre développement parce qu'elles réveillent en vous des émotions qui vous rendent moins bon. Cela ne veut pas dire qu'il faut couper tous les liens, mais il faut savoir s'ouvrir. Lorsque nous sommes jeunes, nous nous construisons au sein d'un groupe qui nous ressemble, parce que ça nous rassure, on aime pouvoir se comparer à une moyenne de personnes semblables à ce que l'on est. Il suffit de visualiser la cour de récréation quand nous étions à l'école, les groupes d'amis étaient particulièrement distincts. Et passer d'un groupe à l'autre, ça fait peur. Même si d'autres personnes peuvent nous paraître intéressantes, nous restons cloisonnés par peur de ce que l'on ne connait pas, par peur de se retrouver seul. Alors quitte à ne pas suivre ce que l'on admire, on reste dans un certain confort. Et plus nous avançons dans la vie, plus nous nous retrouvons dans des groupes de personnes qui nous ressemblent de plus en plus. Réfléchissez à la dernière fois que vous vous êtes retrouvé seul dans une pièce composée uniquement d'inconnus qui ne se connaissaient pas non plus entre eux. À qui avez-vous adressé la parole en premier ? Généralement, vous vous dirigez vers la personne qui vous semble la plus proche de ce que vous représentez socialement : sexe, âge, origine, style vestimentaire... À partir de là, comprenez bien que pour changer, pour évoluer, pour apprendre, cela va passer par l'entourage. Si vous voulez lancer votre entreprise, allez rencontrer des entrepreneurs, passez du temps avec eux, parlez avec eux. Si vous désirez devenir photographe, entourez-vous de photographes. Si vous souhaitez fonder une famille, entourez-vous de jeunes parents. C'est ça, sortir de sa zone de confort, c'est accepter que les personnes qui nous entourent ne soient parfois pas les mieux placées pour nous permettre de nous réaliser.

Vous le savez si vous en êtes arrivé à ce moment du livre : tout n'est qu'une question de choix. Vous avez le pouvoir de décider qui entre et qui sort de votre vie et quelle place vous leur accordez au quotidien. Pour cela, trouvez votre mission de vie, choisissez la personne que vous voulez être et entourez-vous des bonnes personnes. Ne consacrez pas trop de temps aux personnes qui vous tirent vers le bas, et changez les cinq personnes que vous fréquentez le plus si c'est nécessaire à votre développement et à la réalisation de vos objectifs.

Enfin, rappelez-vous d'où vous venez. Pensez à votre mère et pensez à votre père. Si vous n'en avez pas, pensez à la personne qui pourrait jouer ce rôle de figure parentale féminine et masculine dans votre vie. Pour chacun d'entre eux, posez vous-la question suivante : « quelle est leur plus grande valeur ? ». Même si les rapports avec vos parents n'ont pas été bons, que ce soit avec votre père ou avec votre mère, reconnaissez-leur une valeur, la plus importante, la plus positive, celle qui les définit chacun d'entre eux. Prenez ces deux valeurs, mélangez-les et agissez dans votre vie avec cette énergie. Vous aurez des résultats extraordinaires. En bref, une fois que vous aurez trouvé votre talent, mettez-y cette énergie qui est le fruit des valeurs qui vous ont été transmises par vos parents. C'est de cette manière que vous prendrez le chemin de votre mission de vie.

CONCLUSION

Vous avez maintenant de nombreuses pistes à explorer pour devenir quelqu'un de positif. Le plus important, c'est de prendre le temps d'intégrer chaque conseil dans votre quotidien, car vous ne pourrez pas tout changer du jour au lendemain. Et si vous avez besoin de revenir lire un chapitre en particulier de temps à autre, faites-le. Petit à petit, en mettant tout cela en pratique, vous allez voir que vos relations avec les autres et avec vous-même vont s'apaiser. Et si vous êtes dans une passe difficile en ce moment, sachez qu'il y a toujours de l'espoir. Nous rencontrons tous des situations difficiles au cours de notre vie, à des échelles différentes, mais quoiqu'il arrive à un moment donné elles appartiendront au passé. Quand on est centré sur nos problématiques à certaines périodes de vie, on a l'impression que ça ne s'arrêtera jamais, mais plus on a ce sentiment et plus on est focalisé sur le fait que ça ne s'arrêtera jamais, moins ça s'arrêtera. Gardez toujours l'espoir, focalisez-vous sur le fait qu'il y aura un renouveau un jour. Plus vous allez y croire, plus ce jour arrivera rapidement. Ne lâchez rien, soyez optimiste. Être dans la pensée positive, ça ne veut pas dire qu'il faut exclure toute lucidité sur ce qui nous arrive, il faut avoir cette capacité à mettre en évidence objectivement ce qui ne va pas, mais il faut aussi absolument l'appréhender de manière positive si vous voulez y trouver une issue favorable. La pensée positive et l'attitude positive, avec de la lucidité, génèreront chez vous de la transformation. Le seul objectif que vous devez vous fixer est le suivant : devenir la meilleure version de vous-même.

Pour finir sur un dernier conseil, qui que vous soyez, inspirez-vous. Peu importe votre âge, vos origines, votre milieu social, et peu importe là où vous en êtes dans votre vie, soyez dans une démarche intérieure d'aller chercher de l'inspiration. Choisissez des modèles et choisissez-les de manière à ce qu'ils correspondent aux valeurs que vous voulez véhiculer dans votre vie. Il existe un nombre considérable de personnes sur cette planète qui génèrent et transmettent du positif au quotidien, à large échelle, et ces personnes ont déjà aidé tout un tas de personnes autour d'elles. Alors demandez-vous par qui vous avez envie d'être inspiré et quelles valeurs vous avez envie de faire grandir en vous pour pouvoir les partager à votre tour. Tout ce que vous apprenez aujourd'hui, faites en sorte de pouvoir l'enseigner demain. S'il est extrêmement difficile de gagner en conscience sans questionnement provenant de l'extérieur, vous avez déjà fait un premier pas vers le changement après la lecture de ce livre. Désormais, il ne tient qu'à vous de mettre en œuvre tout ce dont vous avez besoin pour devenir quelqu'un de positif et pour changer de vie. À l'avenir, vous deviendrez, je l'espère, cette personne vectrice de changement pour les individus qui vous entourent et qui n'ont pas encore pris conscience de ce que vous aurez appris.